10 Juin 1891.

CATALOGUE

DES

ANCIENNES PORCELAINES

DE LA CHINE

Potiches, Cornets, Vases de formes variées
Bonbonnières, Coupes, Bols, Plats, Tasses, Plateaux
Pièces d'étagère

DONT LA VENTE AURA LIEU

HOTEL DROUOT, SALLE N° 5

Le Mercredi 10 Juin 1891

A DEUX HEURES

Mᵉ Maurice DELESTRE	M. Charles MANNHEIM
COMMISSAIRE-PRISEUR	EXPERT
27, rue Drouot, 27	7, rue Saint-Georges, 7

EXPOSITION PUBLIQUE

Le Mardi 9 Juin 1891, de 1 heure 1/2 à 5 heures 1/2

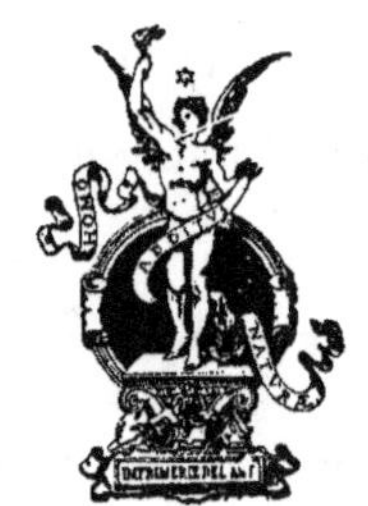

CATALOGUE

DES

ANCIENNES PORCELAINES

DE LA CHINE

Potiches, Cornets, Vases de formes variées
Bonbonnières, Coupes, Bols, Plats, Tasses, Plateaux
Pièces d'étagère

DONT LA VENTE AURA LIEU

HOTEL DROUOT, SALLE N° 5

Le Mercredi 10 Juin 1891

A DEUX HEURES

<table>
<tr><td>Me Maurice DELESTRE
COMMISSAIRE-PRISEUR
27, rue Drouot, 27</td><td>M. Charles MANNHEIM
EXPERT
7, rue Saint-Georges, 7</td></tr>
</table>

EXPOSITION PUBLIQUE

Le Mardi 9 Juin 1891, de 1 heure 1/2 à 5 heures 1/2

CONDITIONS DE LA VENTE

Elle sera faite *expressément* au comptant.

Les Acquéreurs payeront CINQ POUR CENT en sus des adjudications, applicables aux frais de la vente.

L'Exposition mettant les acquéreurs à même de se rendre compte de l'état et de la nature des objets, il ne sera admis aucune réclamation une fois l'adjudication prononcée.

Paris. — Imp. de l'Art. E. Ménard et Cie, 41, rue de la Victoire.

DÉSIGNATION DES OBJETS

1 — Grand vase, forme balustre, à décor bleu sur émail blanc, représentant de nombreux personnages dans un intérieur et dans un paysage. Belle qualité.

2 — Grand vase à col cylindrique muni de deux anses, branchages à décor d'ornements héraldiques gaufrés sous couverte d'émail bleu turquoise.

3 — Trois ornements de temple boudhique en terre émaillée jaune et vert.

4 — Potiche à décor de fleurs d'aubépine en réserve sur fond bleu marbré.

5 — Potiche et couvercle, à décor bleu sur blanc : oiseaux, rochers, arbustes et fleurs.

6 — Potiche et couvercle, à décor bleu sur blanc : fong-hoangs et fleurs arabesques.

7 — Potiche et couvercle, à personnages en émaux de la famille verte.

8 — Cornet-balustre, décor bleu sur blanc : fleurs et armoiries.

9 — Autre, bleu sur blanc, à paysages montagneux.

10 — Autre, bleu sur blanc, à paysages montagneux.

11 — Autre, à décor d'arbustes fleuris sur émail blanc.

12 — Cornet droit à léger renflement médian, décoré en émaux de la famille verte de compositions à personnages, de branchages de fleurs.

13 — Vase piriforme à piédouche, décor en bleu sur émail blanc de fleurs arabesques avec ceinture de feuilles sur le col.

14 — Cornet-balustre à décor de fleurs aquatiques rechampies bleu.

15 — Cornet droit à léger renflement médian, décoré en émaux de la famille verte de figures de femmes et d'enfants, de grenades et de cactus sur des rochers.

16 — Vase ovoïde, forme pot à tabac, fond bleu poudré, parsemé de papillons et de fleurettes en dorure.

17 — Vase cylindro-ovoïde, à médaillons lobés, paysages à l'encre de Chine, sur fond simulant un marbre brèche jaunâtre.

18 — Vase quadrilobé et court, à fleurs arabesques peintes en bleu sur émail blanc.

19 — Vase rouleau, décor bleu sur blanc : bouquet de pivoines, rochers, papillons.

20 — Petite bouteille à corps surbaissé, à décor de dragons, bleu sur blanc.

21 — Vase, forme pot à tabac à médaillons lobés, contenant des vases et divers objets mobiliers, et à fond bleu marbré avec fleurs de pêcher en réserve.

22 — Vase, même forme, à décor bleu sur émail blanc : femmes et enfants.

23 — Autre, même forme, fond blanc et décor bleu à figurines d'enfants entourés de petits enroulements, en des médaillons lobés.

24 — Vase, même forme, à figures (une réception) en émaux de la famille verte.

25 — Vase, forme pot à tabac, couvert, décoré en émaux de la famille verte de figures dans un paysage, parmi lesquelles un personnage à califourchon sur une chimère.

26 — Autre, même forme, décor bleu : feston de fleurs et ceintures d'ornements, bas et haut.

27 — Paire de petits vases ovoïdes, à fleurs d'aubépine réservées sur fond bleu marbré.

28 — Autre vase analogue.

29 — Petite potiche, à grappes de fleurs réservées sur fond bleu marbré.

30 — Vase-applique, en forme de balustre à col côtelé, décor bleu sur blanc : plantes aquatiques.

31 — Petit vase rouleau à col cylindrique et orifice évasé, décoré en émaux de la famille verte d'oiseaux perchés sur des branches et chargé d'inscriptions.

32 — Deux vases ovoïdes en deux dimensions, pourtour côtelé, médaillons circulaires, fleurs, objets mobiliers, en bleu.

33 — Paire de vases plus petits, à décor d'oiseaux, en bleu.

34 — Vase-balustre en vieux blanc, le col entouré d'un dragon.

35 — Deux vases presque sphériques et couverts à décor de fleurs, papillons et rosaces en couleurs sur fond bleu.

36 — Petit cornet à léger renflement médian, décor bleu : fleurs et feuilles en réserve sur treillis.

37 — Autre à feuilles de vigne et grappes, en trois zones.

38 — Grand vase à corps ovoïde et col évasé, en blanc de Chine crémeux, à fleurs arabesques gaufrées en relief.

39 — Brûle-parfums sur trois pieds et flanqué de deux anses surélévées, à décor de fleurs arabesques en rouge de cuivre sur fond blanc.

40 — Autre, à fleurs en rouge, blanc et or sur fond bleu lapis.

41 — Socle ajouré, à décor de rinceaux en bleu.

42 — Vase, partie inférieure d'un cornet, à décor bleu, grecques et quadrillages.

43 — Grand vase rouleau, à figures en bleu portées par des nuages blancs et ressortant sur un fond rouge de fer.

44 — Potiche à décor bleu, caractères inscrits dans un carrelage au-dessus d'une ceinture lambrequinée.

45 — Vase quadrilatéral à pied et orifice circulaire, décoré en bleu de cigognes et d'ornements variés.

46 — Deux vases-appliques, à décor de fong-hoangs et de nuages en couleurs et or, sur fond blanc.

47 — Jardinière quadrilatérale, décorée de paysages et d'oiseaux en couleurs avec filet rose formant bordure.

48 — Corps de bouteille émaillé rouge haricot.

49 — Bouteille à corps surbaissé, émaillée rouge haricot.

50 — Autre en céladon vert d'eau.

51 — Vase piriforme et à col évasé, décor bleu à paysage.

52 — Autre de même forme et à piédouche, décor bleu: papillons et ceinture de feuilles.

53 — Pitong cylindrique, à figures et paysage en bleu sur fond blanc.

54 — Vase obconique, à décor de plantes aquatiques en émaux de la famille verte sur fond blanc.

55 — Petit vase rouleau, décor bleu : fong-hoangs.

56 — Deux pitongs, décorés en émaux de la famille verte ; l'un, d'un paysage ; l'autre, de fleurs, d'oiseau et de papillons.

57 — Pitong bambou, à fleurs émaillées blanc sur fond céladoné.

58 — Pitong à bouquet de palmiers, en burgau sur fond d'émail noir.

59 — Deux pitongs variés, à paysages et figures peints en bleu sur blanc.

60 — Petit vase cylindrique, à chimère en rouge et or.

61 — Vase turbiné, décor bleu : habitation dans un paysage montagneux.

62 — Vase à décor bleu semé de feuilles séparées par des filets, anneaux simulés et têtes chimériques en relief.

63 — Deux petits pots ovoïdes, à décor d'arbres en fleurs, en bleu sur blanc.

64 — Pot surbaissé à chimères, en rouge de fer.

65 — Vase cylindro-ovoïde, décor bleu : scènes enfantines.

66 — Autre, à branches de fleurs en bleu.

67 — Vase à thé ovoïde et à bouchon capsule, à décor de fong-hoangs en bleu.

68 — Deux autres, à fleurs d'aubépine en réserve sur fond bleu marbré, en deux dimensions.

69 — Petite potiche à décor bleu : paysage, chute d'eau, figure.

70 — Autre, à décor bleu : paysage maritime.

71 — Petit vase cylindro-ovoïde, à paysage en bleu.

72 — Petite potiche élancée, à paysage en bleu.

73 — Vase ovoïde : papillons et fleurs en bleu.

74 — Petit vase rouleau : paysage montagneux et figures, bleu sur blanc.

75 — Bouteille de forme élancée, à personnage en émaux de couleurs.

76 — Petite potiche à fleurs d'aubépine réservées, sur fond bleu marbré.

77 — Petit vase rouleau, à figures et bouquet de palmiers, en émaux de la famille verte.

78 — Gourde à double renflement, émaillée rouge corail.

79 — Petit vase à dragon en relief, en céladon gris craquelé.

80 — Deux figurines d'une déesse portée sur une fleur de lotus et tenant un enfant ; le costume rehaussé d'un émail à reflet d'or.

81 — Chimère porte-fleurs émaillée vert, jaune et brun, sur socle jaspé.

82 — Deux chimères en grès émaillé vert.

83 — Deux autres.

84 — Deux chiens en regard, jaspés d'émaux de couleurs.

85 — Petit vase ovoïde et côtelé, émaillé rouge aubergine, avec filet blanc en réserve.

86 — Flacon à thé, lobé à ornements en relief blanc sur champ bleu.

87 — Petit vase turbiné, à fleurs et lambrequin en rouge de cuivre sur fond blanc.

88 — Vase à deux anses en céladon craquelé, décoré de chevaux en bleu.

89 — Vase à thé à bouchon capsule, ovoïde, à fleurs réservées en des médaillons fond bleu, sur fond blanc côtelé.

90 — Deux flacons à thé, hexagones, en terre brune de Boccaro, à fleurs en relief.

91 — Théière carrée et à anse surélevée, à fond caillouté en bleu.

92 — Coupe ronde sur trois pieds courts, à décor d'animaux émaillés blanc sur fond bleu d'empois.

93 — Série de quatorze flacons-tabatières variés de forme et de décor, qui seront vendus séparément sous ce numéro.

94 — Flacon ovoïde, décor bleu : fleurs arabesques.

95 — Petit pot surbaissé, décor bleu : fleurs arabesques.

96 — Autre à décor de dragon.

97 — Petit vase à corps fuselé, dragon en bleu sur fond blanc.

98 — Autre à figure en émaux de couleurs.

99 — Deux vases à fleurs, cornets bas, décorés en bleu, figures et paysages, en deux dimensions.

100 — Flacon carré, décoré en bleu.

101 — Coupe à piédouche élevé, décorée en bleu de rinceaux et d'ornements déliés.

102 — Petit vase-baril, à dragons et ceintures d'ornements en bleu.

103 — Petit vase campanulé, à chrysanthèmes et ceinture de feuilles, en bleu.

104 — Bonbonnière lenticulaire, à couvercle montrant un paysage sur fond chargé de chrysanthèmes.

105 — Vase-balustre émaillé rouge.

106 — Vase forme gobelet, à dragon réservé en bleu sur fond bleu.

107 — Vase forme gobelet, émaillé bleu.

108 — Vase forme gobelet élevé sur piédouche, à décor bleu : roseaux et rochers.

109 — Deux coupes à pied cylindriques, vide-poche, à décor de dragons et de fleurs arabesques, bleu sur blanc.

110 — Cinq baguiers, coupes à piédouches, décorés en bleu : divinités, chauve-souris, etc.

111 — Autre à inscriptions et bordure de fleurs arabesques, en bleu.

112 — Autre à décor bleu : fruits et caractère entouré d'insectes.

113 — Caisse à fleurs carrée, à décor de fong-hoangs en bleu.

114 — Deux petits vases libatoires, à décor de branches fleuries, bleu sur blanc.

115 — Plateau à bonbons, à récipient central et six cloisons obliques ; décor à dragons en bleu, rouge et vert.

116 — Plat creux, à décor de mandarins, en émaux de la famille verte.

117 — Deux plats à décor de chrysanthèmes gaufrées sous la couverte, avec bandes de quadrillés en bleu.

118 — Chauffe-plat à décor de fleurs arabesques en bleu et carmin.

119 — Compotier à décor de dragons en rouge sur blanc.

120 — Autre, émaillé jaune impérial.

121 — Autre, à dragons émaillés vert.

122 — Boîte rectangulaire, à décor d'animaux en bleu et rouge brun.

123 — Boîte ronde et plate, à cloisons à l'intérieur, décor bleu : dragons et bande en lambrequin.

124 — Deux petites jardinières carrées et à couverte dorée.

125 — Petit vase émaillé gris violacé.

126 — Pitong en bambou jaune moucheté brun, avec feuilles en relief émaillées vert.

127 — Petit vase bleu pâle, à deux anses trompes d'éléphants.

128-129 — Coupe et deux compotiers émaillés rouge.

130 — Deux bols Kien-long, réserves à inscriptions en rouge, fond jaune impérial, chargé d'arabesques en émaux polychromes ; à l'intérieur, cachet et chauve-souris.

131 — Deux bols Kien-long, à fleurs, arabesques et émaux de couleurs sur fond jaune ; chauve-souris à l'intérieur.

132 — Bol, même porcelaine, à rosace à l'intérieur.

133 — Six bols à inscriptions en des médaillons roses et fond jaune impérial chargé de fleurs polychromes Kien-long.

134 — Six bols en deux dimensions, à dragons émaillés vert sur fond jaune.

135 — Trois petits bols de même décor, intérieur émaillé jaune avec inscription en vert.

136 — Trois jattes ceintes d'un feston de fleurs en reliefs,

émaillées en couleurs ; à l'intérieur, des chauves-souris en rouge.

137 — Trois autres, à pourtour présentant des figures d'enfants en couleurs, avec rehauts d'or.

138 — Six bols à décor bleu, à l'intérieur et à l'extérieur.

139 — Bol hémisphérique, à piédouche, décoré de groupes de figures, bleu sur blanc.

140 — Deux coupes à quatre pans, à motifs de fleurs, en bleu.

141 — Deux jattes décorées en bleu : arbustes en fleurs.

142 — Coupe émaillée bleu.

143 — Bol, vert camélia.

144 — Petite coupe à fleurs en couleurs sur fond turquoise à l'intérieur et fond bleu lapis à l'extérieur.

145 — Coupe émaillée brun.

146 — Trois plateaux carrés, à fleurs, dragons et quadrillages, bleu, rouge et vert.

147 — Bol à décor de grenades en blanc sur fond vert d'eau.

148 — Petite coupe offrant à l'intérieur deux personnages et une bordure à réserves, en émaux de la famille verte.

149 — Six petits présentoirs à décor de fleurs arabesques, bleu sur blanc.

150 — Coupe offrant à l'intérieur des réserves contenant des fleurs sur une bande verte pointillée de noir.

151 — Bol Kien-long, à fleurs arabesques en couleurs sur fond jaune.

152 — Quatre bols, à décor de dragons en bleu et rouge de cuivre.

153 — Deux bols semi-ovoïdes, à fleurs arabesques en bleu.

154 — Quatre compotiers à décor bleu : dragon et fong-hoangs.

155 — Six bols, à branchages en bleu et rouge de fer.

156 — Cinq bols, décor bleu, à festons de fleurs.

157 — Environ trente-cinq bols en plusieurs dimensions, décorés en bleu et en couleurs. (Ce numéro sera divisé.)

158 — Jardinière cylindrique, à dragons en émail vert sur fond blanc.

159 — Petite coupe en forme de fruit, sur branchages en relief, avec émaux de couleurs.

160 — Plusieurs petites pièces : plateaux, encrier, coupes émaillées en couleurs.

161 — Huit petits compotiers, émaillés vert d'eau, décorés extérieurement de poules en émaux de couleurs ; intérieurement de chauve-souris en rouge de cuivre.

162 — Vingt-deux compotiers, présentoirs, coupes, variés de décor, seront vendus séparément et par lots sous ce numéro.

163 — Seize pièces : coupes, vide-poches, bonbonnières, flacons, variés de décor.

164 — Petits bols à couvercles, jeux de tasses, gobelets, etc , seront divisés sous ce numéro.